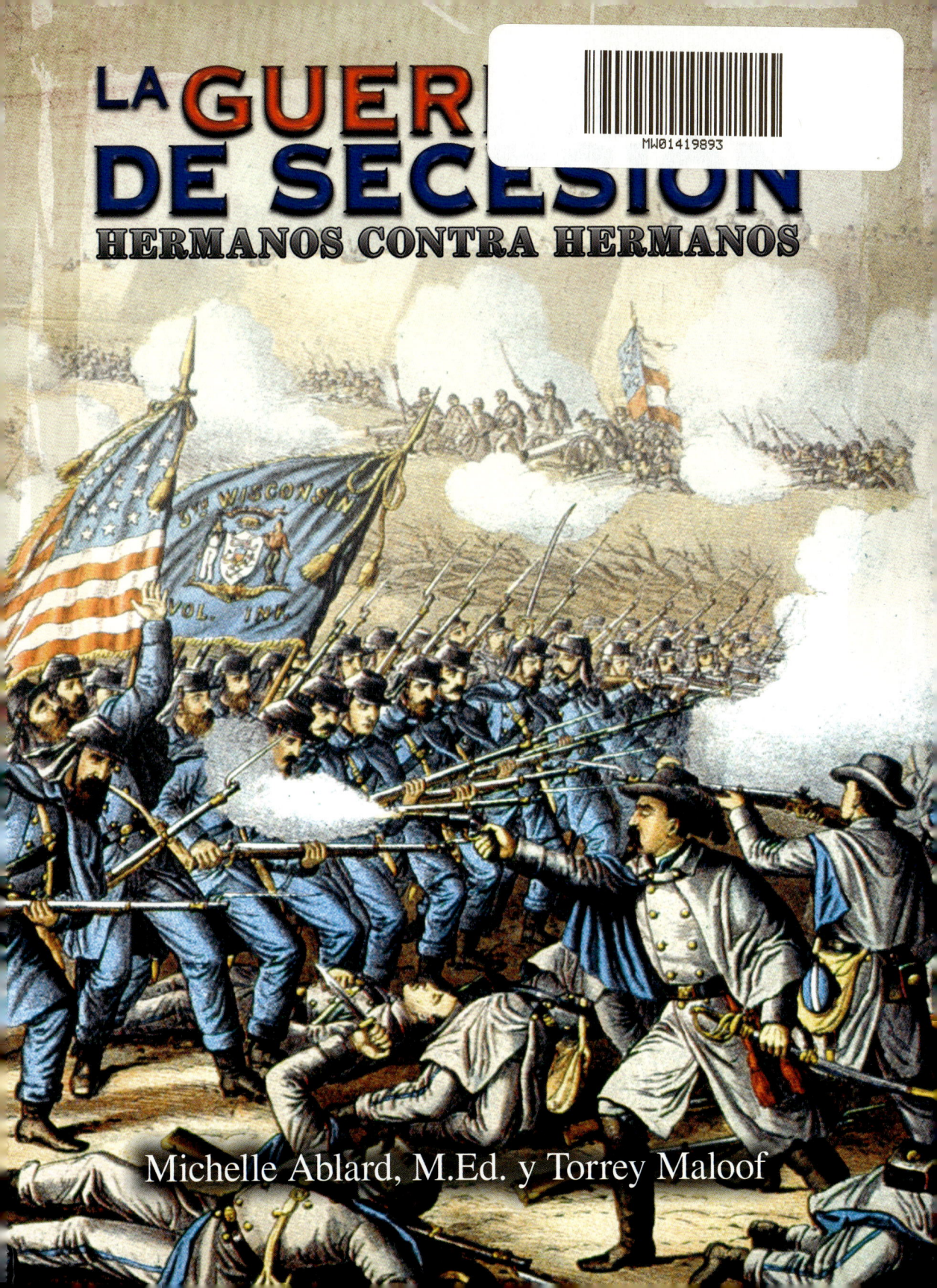
LA GUERRA DE SECESIÓN
HERMANOS CONTRA HERMANOS

Michelle Ablard, M.Ed. y Torrey Maloof

Asesores

Vanessa Ann Gunther, Ph.D.
Departamento de Historia
Universidad Chapman

Nicholas Baker, Ed.D.
Supervisor de currículo y enseñanza
Distrito Escolar Colonial, DE

Katie Blomquist, Ed.S.
Escuelas Públicas del Condado de Fairfax

Créditos de publicación

Rachelle Cracchiolo, M.S.Ed., *Editora comercial*
Emily R. Smith, M.A.Ed., *Vicepresidenta superior de desarrollo de contenido*
Véronique Bos, *Vicepresidenta de desarrollo creativo*
Caroline Gasca, M.S.Ed., *Gerenta general de contenido*

Créditos de imágenes: págs.2, 11, 13 Sarin Images/Granger, NYC; págs.4–5 Campbell Family Papers, 1860–1886. P. 900150. South Carolina Department Archives and History, Columbia, Carolina del Sur; pág.5 (inferior) Peter Newark Military Pictures/Bridgeman Images; págs.6, 15 North Wind Picture Archives; pág.7 (inferior) LOC [LC-DIG-det-4a07284]; págs.7, 11 (superior y centro), 17 (superior), 28 (derecha) Granger, NYC; pág.8 (superior) LOC [LC-DIG-ppmsca-19238], (inferior) LOC [LC-USZ62-17728]; pág.9 LOC [ct000764]; pág.11 (inferior, fondo) LOC [LC-DIG-pga-01843], (inferior, derecha) Appomattox Court House National Historical Park, National Park Service; pág.12 (derecha) LOC [LC-DIGpga-07967], (izquierda) LOC [LC-USZ62-72801]; pág.14 LOC [LC-USZC4-1526]; pág.15 MPI/Getty Images; pág.16 (izquierda) LOC [LC-DIG-pga-00584], (centro) LOC [LC-DIG-cwpb-04326]; pág.17 (inferior) LOC [LC-DIG-pga-01844]; pág.18 LOC [LC-USZ62-4063]; pág.19 (superior) LOC [LC-DIG-pga-04033], (centro) Smithsonian Neg. No. 91-10712; Harpers Ferry NHP Cat. No. 13645, (inferior) Mike Cumpston/U.S. Wikipedia; pág.20 Ed Vebell/Getty Images; pág.21 The Abraham Lincoln Papers at the Library of Congress, Manuscript Division (Washington, D. C.: American Memory Project, [2000-02]); pág.22 LOC [LC-USZ62-17254]; pág.23 (superior) LOC [LC-USZC2-1963], (inferior) LOC [LC-DIG-pga-07645]; pág.24 LOC [LC-DIG-highsm-04756]; pág.25 (inferior) LOC [LC-DIG-ppmsca-35137]; pág.27 (superior) Andrew Russell/Buyenlarge/Getty Images; págs.26–27 Universal History Archive/UIG a través de Getty images; págs.27, 32 (centro) LOC [LC-DIG-ppmsca-33070]; pág.28 (izquierda) LOC [LC-DIG-ds-07662]; pág.29 LOC [LC-DIG-cwpb-04326]; pág.31 LOC [LC-DIG-pga-00584]; contraportada LOC [LCUSZC4-1526]; todas las demás imágenes cortesía de iStock y/o Shutterstock.

Library of Congress Cataloging-in-Publication Data

Names: Ablard, Michelle, author. | Maloof, Torrey, author.
Title: La guerra de secesion : hermanos contra hermanos / Michelle Ablard, M.Ed. y Torrey Maloof.
Other titles: Civil War. Spanish
Description: Huntington Beach, CA : Teacher Created Materials, 2024. | Includes index. | Audience: Ages 8-18 | Summary: "From 1861 to 1865, the United States fought a devastating and bloody war. The Civil War pitted American against American, and hundreds of thousands of lives were lost. The nation was torn in two. Could the battered country survive?"--Provided by publisher.
Identifiers: LCCN 2023036279 (print) | LCCN 2023036280 (ebook) | ISBN 9798765960431 (paperback) | ISBN 9798765970683 (ebook)
Subjects: LCSH: United States--History--Civil War, 1861-1865--Juvenile literature.
Classification: LCC E468 .A2518 2024 (print) | LCC E468 (ebook) | DDC 973.7--dc23/eng/20231031
LC record available at https://lccn.loc.gov/2023036279
LC ebook record available at https://lccn.loc.gov/2023036280

TCM Teacher Created Materials

5482 Argosy Avenue
Huntington Beach, CA 92649
www.tcmpub.com
ISBN 979-8-7659-6043-1

© 2024 Teacher Created Materials, Inc.
Printed by: 51497
Printed in: China

Se prohíbe la reproducción y la distribución de este libro por cualquier medio sin autorización escrita de la editorial.

Tabla de contenido

Una nación dividida 4

Antes de la guerra 6

Comienza el combate 10

La guerra se traslada al Norte 14

Los líderes de la guerra 16

El Sur se rinde 24

Unir, reconstruir y recuperarse 26

¡Publícalo! 28

Glosario 30

Índice 31

¡Tu turno! 32

Una nación dividida

Corre el año 1862. Un soldado le escribe a su esposa. “Es muy triste pensar que estaré peleando contra él, yo en un bando y él en el otro [...]. Le pido a Dios que tanto él como yo salgamos sanos y salvos, y que él pueda contar su lado de la historia y yo el mío”.

El nombre del soldado es Alexander Campbell. Es un soldado de la **Unión** que pelea para el Norte. Su hermano, James, es un soldado **confederado** que pelea para el Sur. En ese momento no lo sabían, pero hacía poco tiempo habían peleado uno contra otro en un campo de batalla durante la guerra de **Secesión**.

La guerra de Secesión fragmentó al país. Dividió familias, amigos y compatriotas. Los estadounidenses peleaban unos contra otros. El Norte quería mantener el país unido. También luchaba para poner fin a la esclavitud. El Sur quería su propia nación. Quería que cada estado decidiera qué hacer con respecto a la esclavitud. La tensión fue creciendo hasta que estalló la guerra. Los dos bandos se enfrentaron durante cuatro largos años.

James Island, S. C. June 25th 1862

Dear Wife

I received your
Letter of the 5th in dew time and I was happy to hear that
you was all well you say you have not got a letter from me
in four weeks I am surprised at that for I have wrote four
since we left Beaufort but I hope you have received them by
this time. we got payed the other day and I will send my
money to you the first opportunity I know you must be in want
of money if we would get payed regular it would not be so bad
... days there will be other two mounths dew us but
... for I am sick

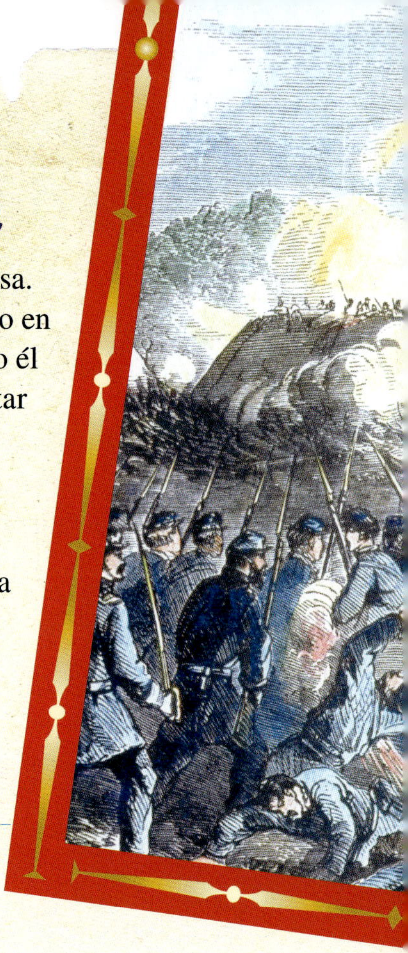

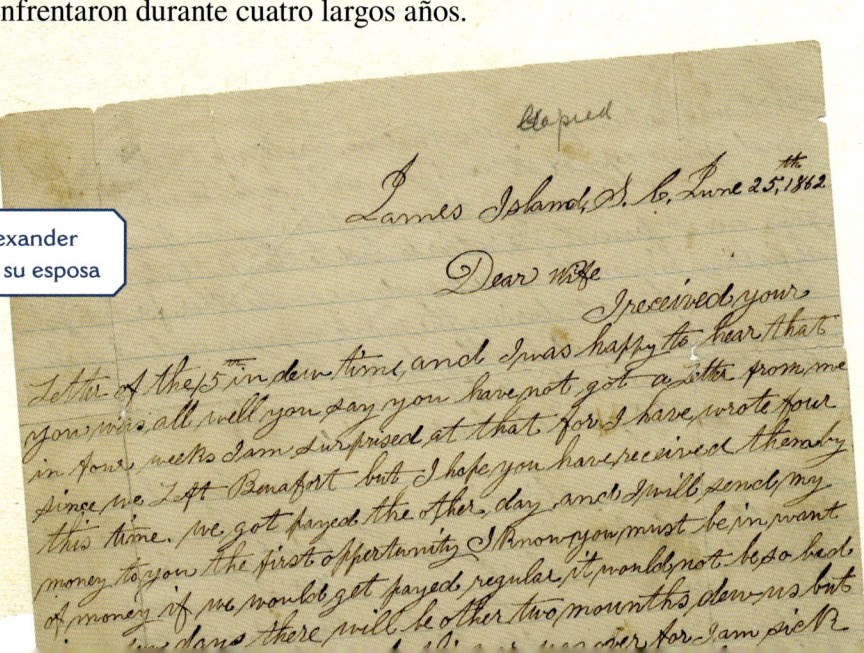

carta de Alexander Campbell a su esposa

Los hermanos Campbell pelearon uno contra el otro durante la batalla de Secessionville en 1862.

EL RESULTADO

Los hermanos Campbell sobrevivieron a la guerra. Ambos se convirtieron en ciudadanos estadounidenses exitosos. James era dueño de una granja. Alexander tenía su propia empresa de manufacturas. Los hermanos siguieron siendo amigos toda su vida.

James Campbell

Antes de la guerra

Años antes de que comenzara la guerra, la nación ya estaba empezando a dividirse. Había dos grandes temas que generaban desacuerdos: la esclavitud y los derechos de los estados.

El Sur estaba conformado más que nada por granjas. Los agricultores del Sur tenían personas esclavizadas que trabajaban gratis para ellos. Así, los dueños de las plantaciones obtenían grandes **ganancias**. Algunos se enriquecieron mucho. La economía del Sur dependía de la esclavitud. El Sur quería reclamar más territorios en el Oeste. Y quería que se permitiera el trabajo esclavo en esas nuevas tierras.

Personas esclavizadas cosechan caña de azúcar en el Sur.

FREE STATE

CONVENTION!

All persons who are favorable to a union of effort, and a permanent organization of all the Free State elements of Kansas Territory, and who wish to secure upon the broadest platform the co-operation of all who agree upon this point, are requested to meet at their several places of holding elections, in their respective districts on the 25th of August, instant, at one o'clock, P. M., and appoint five delegates to each representative to which they were entitled in the Legislative Assembly, who shall meet in general Convention at

Big Springs, Wednesday, Sept. 5th '55,

at 10 o'clock A. M., for the purpose of adopting a Platform upon which all may act harmoniously who prefer Freedom to Slavery.
The nomination of a Delegate to Congress, will also come up before the General Convention.
Let no sectional or party issues distract or prevent the perfect co-operation of Free State men. Union and harmony are absolutely necessary to success. The pro-slavery party are fully and effectually organized. No jars nor minor issues divide them. And to contend against them successfully, we also must be united— Without prudence and harmony of action we are certain to fail. Let every man then do his duty and we are certain of victory.
All Free State men, without distinction, are earnestly requested to take immediate and effective steps to insure a full and correct representation for every District in the Territory. "United we stand; divided we fall."
By order of the Executive Committee of the Free State Party of the Territory of Kansas, as per resolution of the Mass Convention in session at Lawrence, Aug 15th and 16th, 1855.

J. K. GOODIN, Sec'y.

C. ROBINSON, Chairman.

Herald of Freedom, Print.

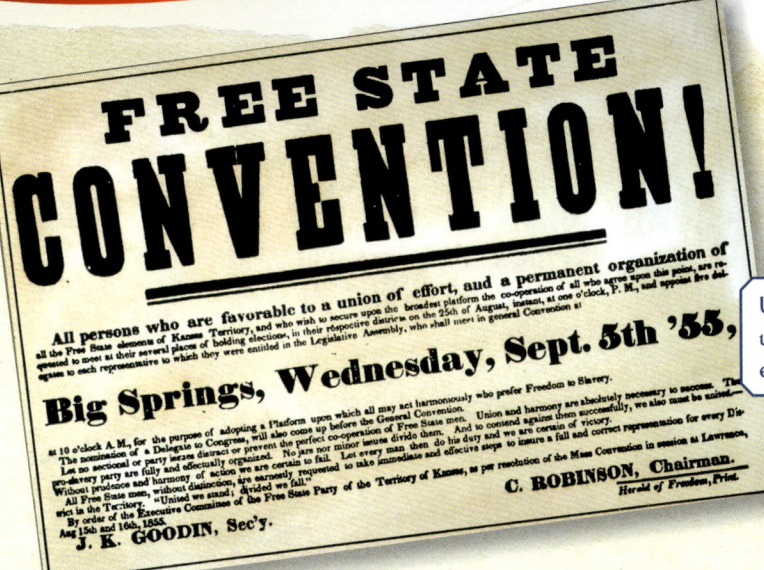

Un cartel de 1855 publicita una convención para tratar el tema de la esclavitud.

En el Norte no había tantas granjas. Los habitantes se dedicaban a producir muchos tipos de bienes y no dependían de la mano de obra de personas esclavizadas. Muchas personas que vivían en el Norte consideraban que la esclavitud era **inmoral**. Iba en contra de la Declaración de Independencia, que dice: "Todos los hombres son creados iguales". Algunos norteños querían frenar el avance de la esclavitud. No querían que se permitiera en las tierras nuevas del Oeste. Otros querían poner fin a la esclavitud en toda la nación. Eran **abolicionistas**. Todo este debate con respecto a la esclavitud hizo que el Sur se sintiera amenazado.

TRABAJO INFANTIL

Si bien en el Norte no se permitía la esclavitud, sí se utilizaba otro tipo de mano de obra barata. Los niños solían trabajar muchas horas en las fábricas. Por lo general, hacían su trabajo en condiciones poco seguras y por una paga muy baja para ayudar a su familia.

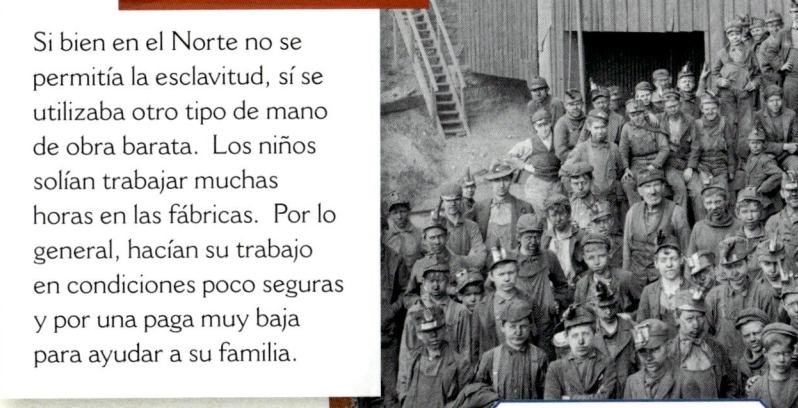

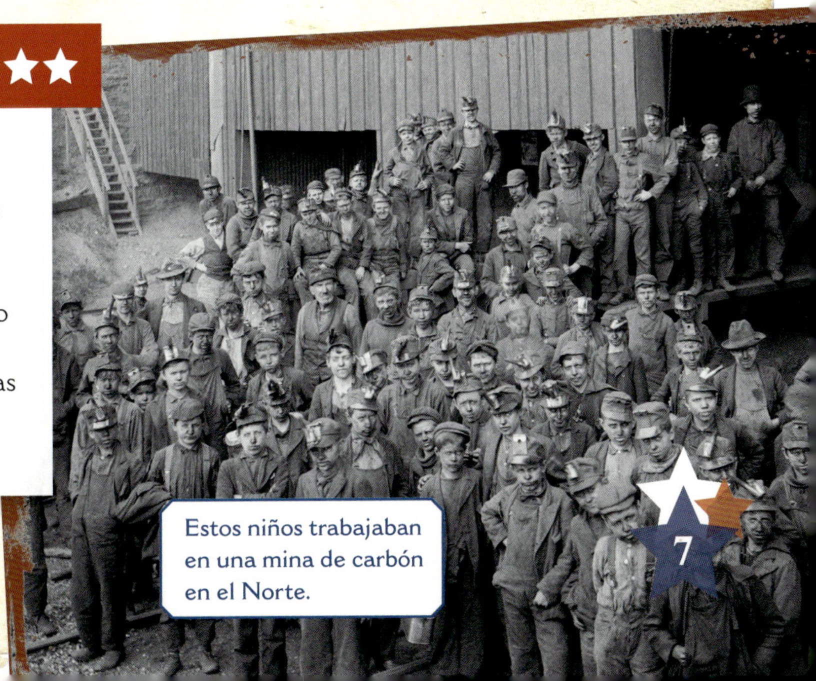

Estos niños trabajaban en una mina de carbón en el Norte.

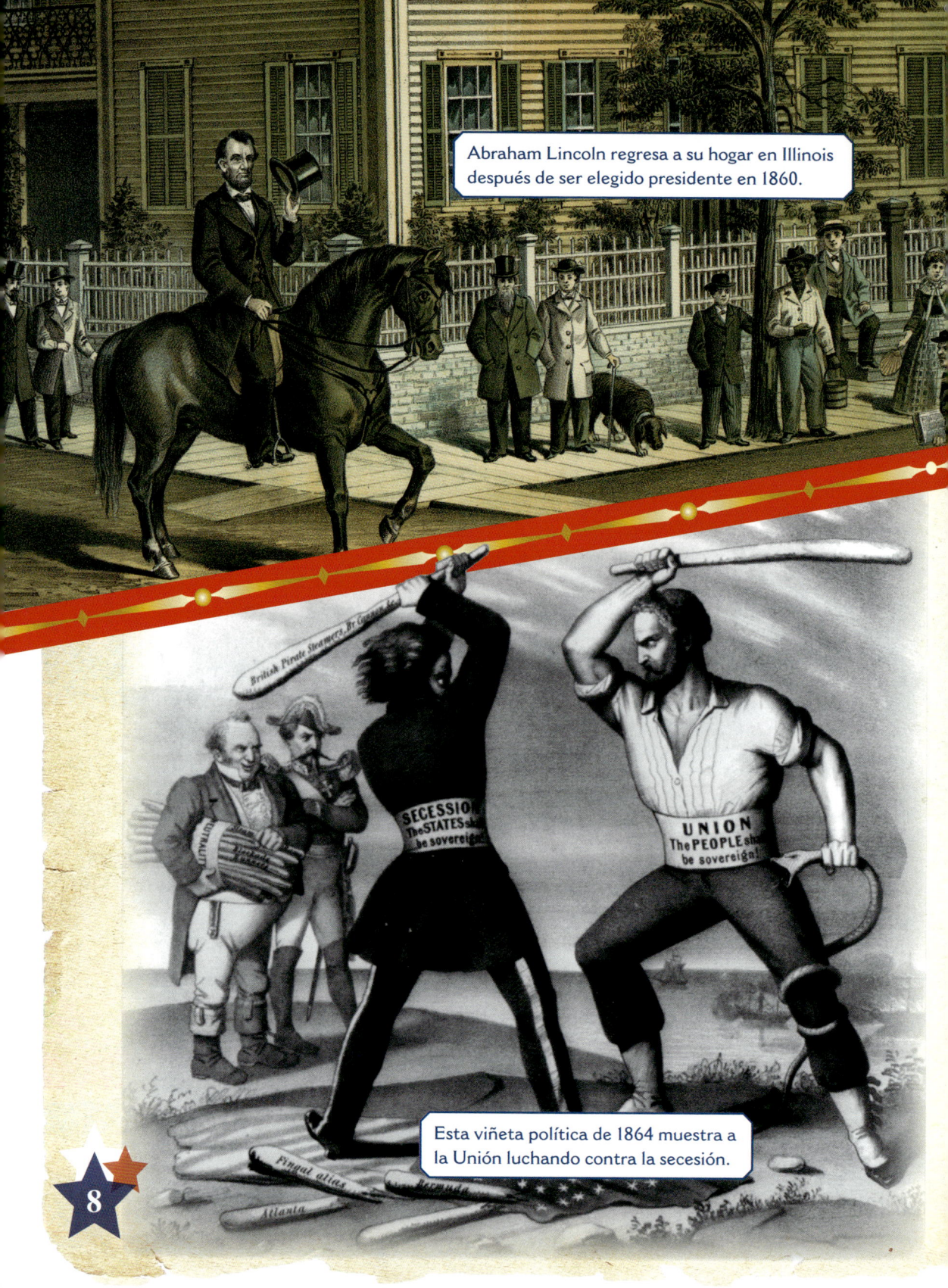

Abraham Lincoln regresa a su hogar en Illinois después de ser elegido presidente en 1860.

Esta viñeta política de 1864 muestra a la Unión luchando contra la secesión.

El Sur consideraba que el gobierno federal no debía intervenir en el debate sobre la esclavitud. Decía que era una decisión de cada estado. El Norte pensaba lo contrario. Consideraba que esa decisión no dependía de los estados. Le pidió al gobierno federal que resolviera la disputa.

La tensión aumentó a medida que el Norte y el Sur se distanciaban cada vez más. En 1860, Abraham Lincoln fue elegido presidente. Se sabía que Lincoln quería detener el avance de la esclavitud. El día que asumió la presidencia fue el punto de quiebre para el Sur. Los estados sureños comenzaron a abandonar la Unión. Formaron la Confederación.

Lincoln había declarado que permitiría la esclavitud en el Sur. Creía que así mantendría unida a la nación. Pero no quería que la esclavitud se extendiera a nuevos territorios. Esperaba que, con el tiempo, dejara de existir. Pero algo que no estaba dispuesto a tolerar era que el país se dividiera en dos. Quería que la nación se mantuviera unida. Cuando el Sur declaró la secesión, Lincoln supo que se avecinaba la guerra.

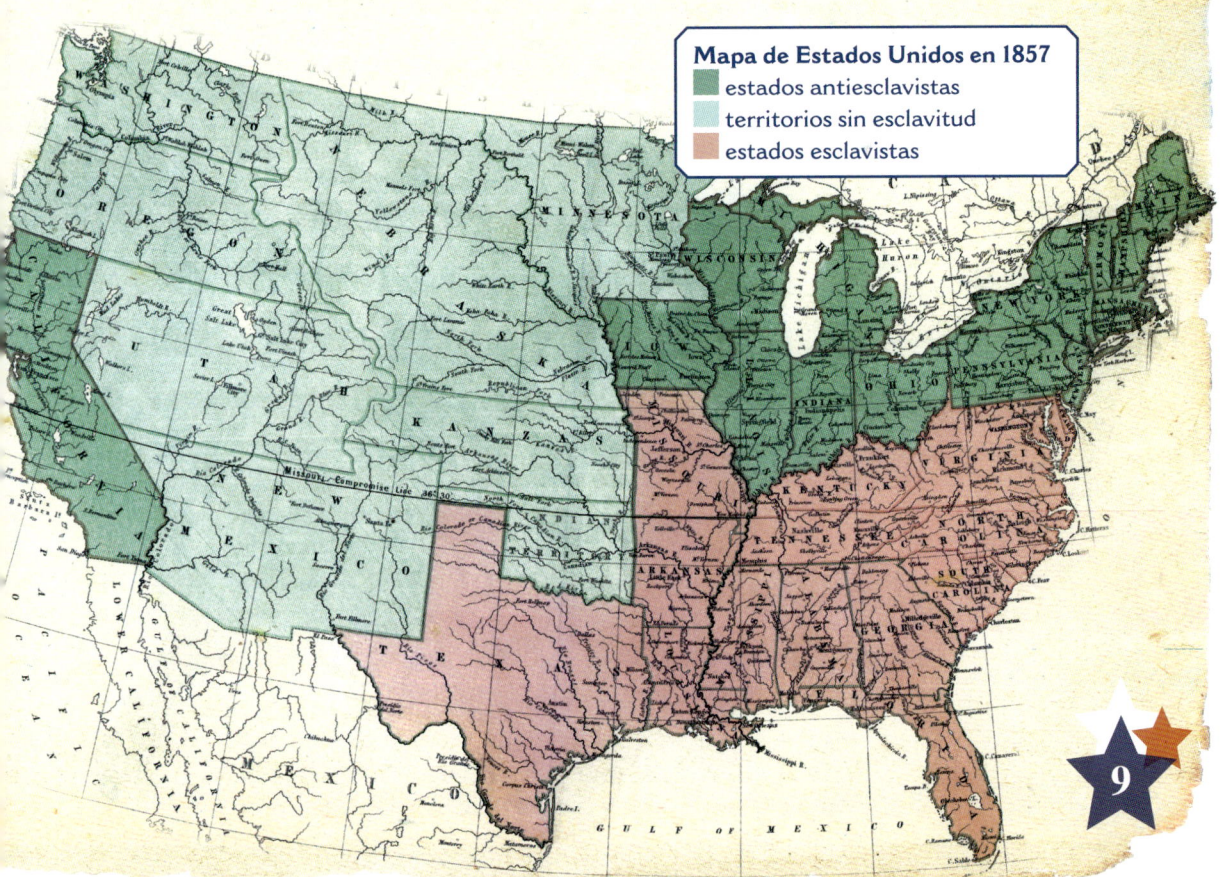

Mapa de Estados Unidos en 1857
- estados antiesclavistas
- territorios sin esclavitud
- estados esclavistas

Comienza el combate

El fuerte Sumter estaba en una isla cercana a la costa de Carolina del Sur. Las tropas de la Unión se ubicaron allí cuando el Sur declaró la secesión. Como el fuerte estaba en el Sur, los norteños ya no eran bienvenidos allí. Las tropas sureñas enviaron barcos para atacar el fuerte. Los primeros disparos de la guerra de Secesión se lanzaron en el fuerte Sumter el 12 de abril de 1861. El combate duró 34 horas hasta que las tropas del Norte izaron una bandera blanca en señal de **rendición**. La única víctima fatal fue un caballo de la Confederación. La guerra de Secesión había comenzado.

AGITAR LA BANDERA

Algunas personas se ocupaban de agitar las banderas durante las batallas. Así se sabía dónde estaban las tropas y si seguían peleando. Cuando la bandera blanca reemplazó a la bandera de la Unión en el fuerte Sumter, fue una señal de rendición.

fuerte Sumter

Bull Run

El primer enfrentamiento grande de la guerra de Secesión fue la primera batalla de Bull Run. Tras la pérdida del fuerte Sumter, las tropas de la Unión marcharon hacia el norte de Virginia. El general Irvin McDowell quería tomar la capital sureña. El 21 de julio de 1861, sus tropas se encontraron con el ejército confederado en un pequeño arroyo llamado Bull Run. Allí comenzó la batalla.

Uno de los líderes de la Confederación era Thomas Jackson. Ayudó a sus hombres a frenar a las fuerzas de la Unión. Hay quienes dicen que sus tropas eran como un muro que la Unión no podía atravesar. Otros dicen que Jackson peleó con valentía contra el enemigo con la determinación de un muro de piedra. Sea como fuera, Jackson inspiró a sus hombres a luchar. El Sur ganó la batalla. Y así fue como a Jackson comenzaron a llamarlo Stonewall (muro de piedra) Jackson.

Irvin McDowell

Stonewall Jackson

EL DESAFORTUNADO SR. MCLEAN

Wilmer McLean tenía una granja cerca de Bull Run. Una noche, una bala de cañón impactó contra su casa. Tres días después, comenzó la primera batalla de Bull Run. Las fuerzas confederadas usaron su casa como cuartel general, hospital militar y prisión. Por eso, McLean se trasladó al sur, a un pueblo llamado Appomattox Court House. La decisión sería fatídica.

la primera batalla de Bull Run

11

Shiloh

La Unión aprendió una lección en la primera batalla de Bull Run. El ejército confederado era fuerte. Al año siguiente, se libraron más batallas. Los dos ejércitos se enfrentaron una y otra vez.

La batalla de Shiloh comenzó en Tennessee el 6 de abril de 1862. Era temprano por la mañana. Los soldados de la Unión estaban desayunando. Se enteraron de que los soldados confederados se dirigían directamente hacia ellos. ¡Era un ataque sorpresa! Rápidamente, los soldados de la Unión se prepararon para la batalla, pero no tuvieron tiempo suficiente. En solo dos horas, oyeron el grito escalofriante de los rebeldes. Tenían al enemigo encima.

Las balas comenzaron a llover. Sus zumbidos les parecían avispas a los soldados. Más tarde, el lugar de la batalla pasó a conocerse como "el avispero". El combate duró todo el día. Esa noche, el Sur declaró la victoria en la batalla. Pero el combate no había terminado. Llegaron más soldados de la Unión durante la noche. A la mañana siguiente, Grant ordenó un **contraataque**. Las tropas de la Unión obligaron a los confederados a emprender la **retirada**. El combate terminó. Habían muerto más de 23,000 estadounidenses.

Los hombres del general Sherman fueron atacados en la batalla de Shiloh.

Ulysses S. Grant

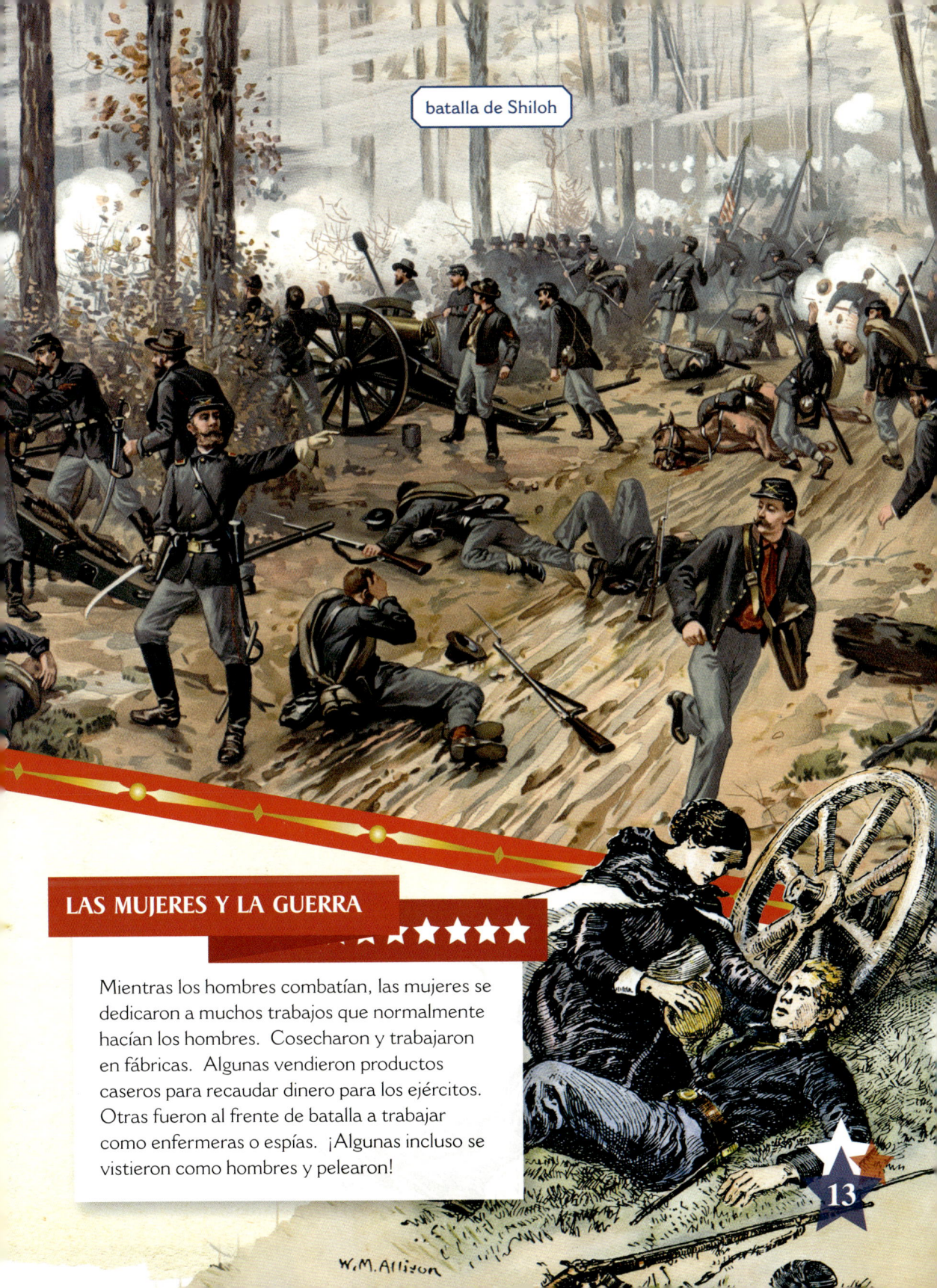

batalla de Shiloh

LAS MUJERES Y LA GUERRA

Mientras los hombres combatían, las mujeres se dedicaron a muchos trabajos que normalmente hacían los hombres. Cosecharon y trabajaron en fábricas. Algunas vendieron productos caseros para recaudar dinero para los ejércitos. Otras fueron al frente de batalla a trabajar como enfermeras o espías. ¡Algunas incluso se vistieron como hombres y pelearon!

La guerra se traslada al Norte

Era el otoño de 1862 y el Sur había ganado numerosas batallas. Robert E. Lee demostraba ser uno de los mejores generales de la guerra. Ideó un plan para que sus tropas se adentraran en el Norte. Sabía que allí habría más cultivos y más provisiones. El Sur se estaba quedando sin recursos. La guerra había acabado con sus suministros.

Lee guio a sus tropas hasta Maryland. Era la primera vez que las tropas del Sur entraban en el Norte. Por suerte para el Norte, un soldado de la Unión encontró un paquete de cigarros. El papel con el que estaban envueltos los cigarros tenía escrito el plan de ataque diseñado por Lee. Así, el Norte supo hacia dónde se dirigían las tropas de Lee y lo que planeaban hacer.

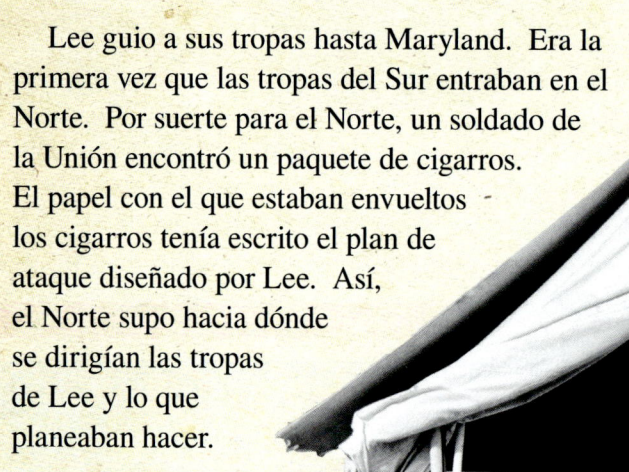

Lincoln se reúne con McClellan en Antietam.

LA PROCLAMACIÓN DE EMANCIPACIÓN

Luego de Antietam, Lincoln promulgó la Proclamación de Emancipación. La proclamación ponía fin a la esclavitud en el Sur, pero no en los estados fronterizos ni en los estados sureños que ya controlaba el Norte. La proclamación también permitía que los afroamericanos se unieran al ejército de la Unión. Muchos lo hicieron y pelearon con valentía.

el general McClellan en Antietam

La batalla comenzó el 17 de septiembre en el arroyo Antietam. Había tanta niebla y humo que los soldados apenas podían ver. El combate duró 12 horas. Las tropas de la Unión podrían haber ganado en varias oportunidades, pero el general George McClellan no envió tropas de **reserva**. Fue demasiado cauto. La Unión triunfó, pero las **bajas** fueron muchísimas.

batalla de Antietam

Los líderes de la guerra

Hubo muchas otras batallas clave durante la guerra de Secesión que fueron feroces y cruciales. De ambos lados, los soldados lucharon por su causa con pasión. Al final, lo que marcó la diferencia fue el liderazgo. Se recuerda a los grandes líderes de la guerra de Secesión hasta el día de hoy. Ellos dieron todo de sí para ganar la guerra. Trabajaron incansablemente. Inspiraron a los soldados en la batalla. Tres de los principales líderes fueron el general Robert E. Lee, el presidente Lincoln y el general Ulysses S. Grant. Los tres desempeñaron papeles muy importantes en la guerra de Secesión. Estos son algunos de sus momentos más memorables.

La gran victoria de Lee

batalla de Chancellorsville

En la primavera de 1863, el general Lee dio muestras de su gran destreza militar. Planeó un excelente movimiento defensivo durante la batalla de Chancellorsville. El escenario fueron los bosques de Virginia.

El ejército de la Unión tenía más soldados que el de Lee y los tenían rodeados. Pero Lee tenía un plan. ¡Dividió a su ejército en dos! Mandó al general "muro de piedra" Jackson y a sus hombres a que sorprendieran a las tropas de la Unión atacándolas por un costado. El ataque por el **flanco** fue un éxito. La batalla se prolongó durante días. Pero ahora la Unión estaba a la defensiva. Una vez más, Lee dividió a su ejército. El 6 de mayo ganó la batalla. Luego, se dirigió al norte, a Gettysburg.

LA GRAN PÉRDIDA DE LEE

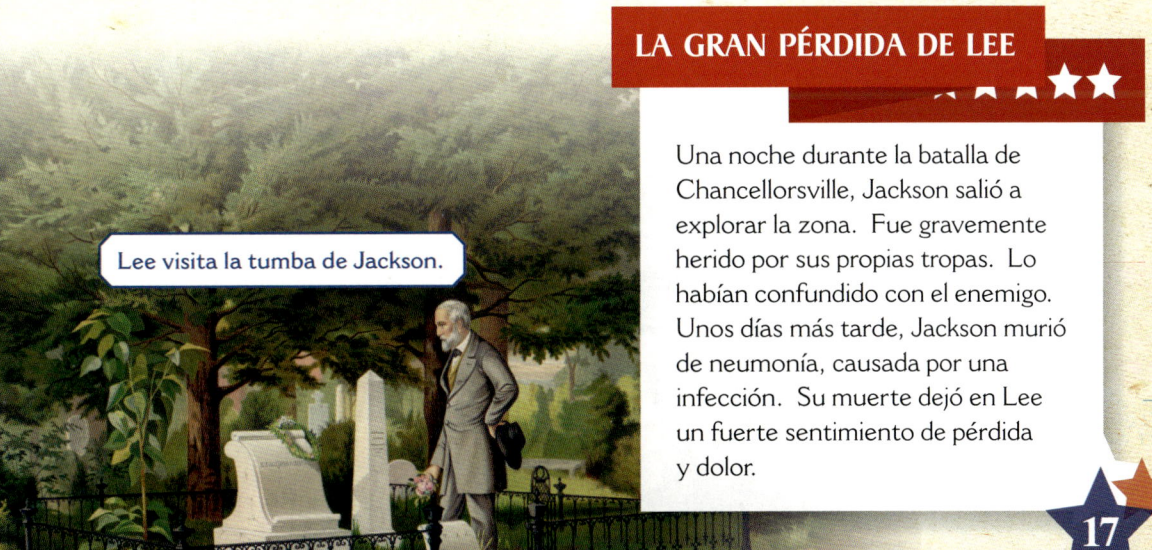
Lee visita la tumba de Jackson.

Una noche durante la batalla de Chancellorsville, Jackson salió a explorar la zona. Fue gravemente herido por sus propias tropas. Lo habían confundido con el enemigo. Unos días más tarde, Jackson murió de neumonía, causada por una infección. Su muerte dejó en Lee un fuerte sentimiento de pérdida y dolor.

Lincoln se dirige a la nación

El presidente Lincoln es el líder más conocido de la guerra de Secesión. Debió trabajar bajo presión. Tenía que tomar muchas decisiones difíciles. Pero su determinación lo convirtió en un líder fuerte. Su sabiduría ayudó a mantener unida a la nación. Uno de los momentos destacados de Lincoln durante la guerra ocurrió después de la batalla de Gettysburg.

La batalla de Gettysburg fue la más sangrienta de todas las batallas que se libraron durante la guerra de Secesión. Tuvo lugar en una pequeña ciudad de Pensilvania. Comenzó el 1.º de julio de 1863. Los soldados del Norte y del Sur empezaron a intercambiar disparos. Al día siguiente, llegaron más soldados de ambos bandos. Las tropas de la Unión tomaron un terreno alto. Lee los vio y les ordenó a sus tropas que subieran la colina y atacaran. Al final del día, miles de soldados de ambos bandos yacían muertos.

El 3 de julio, Lee envió a sus hombres a atravesar una milla de terreno llano. Como el ejército de la Unión estaba ubicado a mayor altura, pudo atacar a las tropas sureñas sin problemas. Más tarde esa noche, el ejército de Lee se retiró. Toda la batalla duró tres días. Al menos 51,000 hombres fueron heridos, capturados o perdieron la vida.

Abraham Lincoln

batalla de Gettysburg

MUCHAS MUERTES

Las nuevas armas contribuyeron a aumentar el número de muertos en la guerra. Los rifles disparaban más lejos y con mayor precisión que los mosquetes. También comenzó a usarse la bala minié. Era fácil de cargar. Los rifles de repetición disparaban más de una bala antes de ser recargados.

Cuando terminó la batalla, los soldados muertos fueron enterrados en el lugar donde habían caído. Las personas querían honrar a quienes habían perdido la vida en Gettysburg. Para fin de ese año, Gettysburg era un cementerio nacional. Se le pidió al presidente Lincoln que hablara en la ceremonia de **inauguración**. El 19 de noviembre de 1863, Lincoln se levantó y se dirigió a la multitud. Solo habló dos minutos, pero su discurso fue conmovedor. Hoy, se conoce como el discurso de Gettysburg.

Lincoln da el discurso de Gettysburg.

Lincoln le recordó a la multitud por qué se estaba peleando la guerra. Citó la Declaración de Independencia. Dijo que la nación estaba fundada sobre la creencia de que "todos los hombres son creados iguales". Y sin embargo, había personas que no eran libres. Dijo que era importante luchar por la libertad de esas personas. Era importante luchar por los valores estadounidenses. Al salvar la Unión, salvarían la **democracia**. Le mostrarían al mundo que un país cuya base era la libertad podía ser exitoso. Podía sobrevivir.

Gracias a su liderazgo durante la guerra, Lincoln se ganó el cariño de la nación. Pasaría a la historia como uno de los presidentes más queridos.

el discurso de Gettysburg

COMUNICACIONES CRUCIALES

El telégrafo fue una enorme ventaja para el Norte. Los operadores utilizaban el código morse para enviar mensajes a larga distancia. De esa manera, el presidente Lincoln podía comunicarse con los líderes que estaban en el campo de batalla.

máquina de telégrafo

Grant gana poder

El presidente Lincoln admiraba a Ulysses S. Grant. Respetaba su forma de conducirse en la guerra. Grant era vigoroso. No se rendía. En los últimos dos años de la guerra, logró victorias clave para la Unión.

Una de las grandes victorias de Grant ocurrió en 1863. La ciudad de Vicksburg daba al río Misisipi. El bando que controlara Vicksburg contralaría también el río. Grant dirigió a sus hombres hacia la ciudad. Pero no encontró forma de abrirse paso a través de las fuerzas rebeldes. Entonces bloqueó la ciudad para que no pudiera recibir suministros de afuera. Esta táctica se llama **sitio**. Pronto los soldados confederados empezaron a pasar hambre. El 4 de julio de 1863 se rindieron. Fue una victoria muy importante para Grant.

EL FERROCARRIL Y LA GUERRA

Tanto el Norte como el Sur usaban el ferrocarril para transportar suministros. Pero el Norte tenía una ventaja. Contaba con más vías y utilizaba un solo tipo de vagón. Las vías del Sur tenían diferentes medidas de ancho. Por eso, debían usar diferentes vagones en cada tipo de vía. Además, los trenes del Sur eran mucho más lentos que los del Norte.

Petersburg, Virginia, 1865

En junio de 1864, el combate se trasladó a Petersburg, Virginia. El general Grant se enteró de que allí había un extenso sistema ferroviario. También sabía que Lee y sus hombres estaban allí. Grant pensó que, si podía derrotar al ejército de Lee y tomar control del ferrocarril, la guerra terminaría. El ejército confederado estaba en inferioridad numérica. Luego de casi un año de combates, Lee y sus hombres abandonaron la región. Lee sintió que su ejército se estaba cayendo a pedazos. Grant pensó que el fin de la guerra estaba cerca.

Ulysses S. Grant

El Sur se rinde

El 9 de abril de 1865, los hombres del general Lee combatían contra las tropas de la Unión en una ciudad llamada Appomattox Court House. El general Lee miraba la batalla. Pensaba que sus hombres iban ganando. Pero entonces, aparecieron más tropas de la Unión. Lee se vio superado en número. Los soldados sureños estaban débiles y cansados. No tenían alimentos y estaban hambrientos. Lee decidió que era hora de rendirse. Ordenó izar banderas blancas sobre el campo de batalla. Le envió una nota al general Grant para que se reunieran esa tarde.

Los dos hombres se encontraron en el **recibidor** de una casa local. Lee se rindió oficialmente ante Grant. Grant le dijo a Lee que sus soldados podían volver a sus casas. Pero primero, tenían que entregar todos los caballos y las armas con que contaba el ejército. Asimismo, los prisioneros de guerra de la Unión debían ser liberados. Grant podría haber pedido mucho más. Pero quería que el país volviera a estar unido.

Las batallas continuaron hasta que todas las tropas se enteraron de la rendición de Lee. Los últimos disparos de la guerra se lanzaron el 13 de mayo de 1865. La rendición final se firmó el 2 de junio. Con el tiempo, los estados sureños que habían declarado la secesión pudieron volver a ser parte de la Unión. La guerra había terminado.

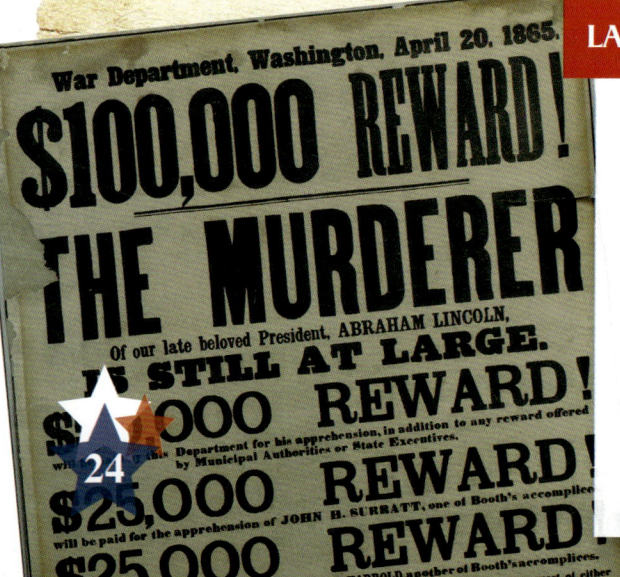

LA MUERTE DE UN PRESIDENTE

Cinco días después de que Lee presentó la rendición, un sureño enfadado llamado John Wilkes Booth asesinó al presidente Lincoln. Mientras Lincoln miraba una obra de teatro, Booth se escabulló en el palco privado del presidente y le disparó. Lincoln murió la mañana siguiente. En el afiche de la izquierda se ofrece una recompensa por atrapar al asesino de Lincoln.

Lee se rinde ante Grant.

EL DESAFORTUNADO SR. MCLEAN, PARTE II

La casa donde se reunieron Lee y Grant resultó ser de Wilmer McLean, el mismo hombre cuya granja había sido tomada en Bull Run. Muchos dicen que la guerra empezó y terminó con el Sr. McLean.

casa de McLean en Appomattox Court House, Virginia

Unir, reconstruir y recuperarse

Varias ciudades habían quedado reducidas a cenizas. Campos que antes habían estado llenos de cultivos estaban cubiertos de soldados muertos. Casas e iglesias se habían transformado en hospitales improvisados. Muchas familias se habían quedado sin padre ni hermanos. Los efectos de la guerra se seguirían padeciendo durante muchos años más.

La esclavitud fue **abolida** completamente a los pocos meses de terminada la guerra. Sin embargo, el racismo continuaba. Los afroamericanos tuvieron que adaptarse a un nuevo modo de vida. Eran libres e independientes. A pesar de eso, enfrentaban prejuicios a cada paso. Muchas personas seguían viéndolos como si fueran menos que humanos. Algunas continuaban tratándolos como esclavos.

ESTADÍSTICAS SORPRENDENTES

- En promedio, murieron 504 soldados por día.
- Tres de cada cinco soldados de la Unión y dos de cada tres soldados confederados murieron a causa de enfermedades, en vez de en el campo de batalla.
- Uno de cada diez soldados de la Unión era afroamericano.
- Uno de cada tres soldados de la Unión era inmigrante.
- Alrededor del 40 por ciento de los soldados muertos nunca fueron identificados.

hospital de la guerra de Secesión

vía ferroviaria destruida en Virginia

Llevaría tiempo reconstruir y volver a unir a la nación. La guerra de Secesión fue una de las guerras más costosas de la historia de Estados Unidos. Fue costosa por la destrucción que ocasionó. Fue costosa por la cantidad de bajas. Pero también porque fue una guerra que se peleó en suelo estadounidense. Fue una guerra entre estadounidenses. Verdaderamente fue una guerra de hermanos contra hermanos. La recuperación después de la guerra fue un proceso largo y difícil.

ruinas de una calle en Richmond, Virginia

¡Publícalo!

Imagina que eres editor de un periódico. Escoge un día de la guerra de Secesión. Podría ser el día en que comenzó o terminó. Puede ser un día en que ocurrió un suceso o una batalla importante. Piensa en los detalles de ese día. Luego, crea la portada de un periódico y describe ese día. La página debe tener un nombre, un titular grande, imágenes, un anuncio publicitario relacionado con la guerra, la fecha y por lo menos un artículo. Una vez que la hayas creado, ¡publícala! Haz copias para compartir con tus familiares y amigos.

el presidente Lincoln y otros líderes en Antietam

Glosario

abolicionistas: personas que estaban en contra de la esclavitud y trabajaban para ponerle fin

abolida: oficialmente terminada o detenida

bajas: personas que resultan heridas o muertas durante una guerra

confederado: perteneciente al grupo de estados sureños que se separaron de Estados Unidos durante la guerra de Secesión

contraataque: la acción de atacar después de haber defendido una posición

democracia: una forma de gobierno en que las personas eligen a sus líderes mediante el voto

flanco: el lado derecho o izquierdo de una formación militar

ganancias: el dinero que se consigue en un negocio luego de haber pagado todos los gastos

inauguración: un acto formal con el que se da comienzo a algo

inmoral: moralmente erróneo o maligno; lo contrario a bueno

recibidor: una habitación de una casa que se usa para recibir a los invitados

rendición: un acuerdo para dejar de luchar porque la victoria es inalcanzable

reserva: soldados de refuerzo que esperan para combatir

retirada: una estrategia militar que consiste en retroceder o abandonar una batalla

secesión: la acción de separarse formalmente de una nación o de un estado

sitio: el bloqueo militar de un área con el fin de cortar todo contacto con el mundo exterior

Unión: el grupo de estados que conformaron el ejército del Norte durante la guerra de Secesión

Índice

Antietam, batalla de, 14–15, 29

Appomattox Court House, 11, 24–25

Bull Run, primera batalla de, 11, 12, 25

Campbell, Alexander, 4–5

Campbell, James, 4–5

Chancellorsville, batalla de, 17

Declaración de Independencia, 7, 21

esclavitud, 4, 6–7, 9, 14, 26

ferrocarriles, 22, 27

fuerte Sumter, 10–11

Gettysburg, batalla de, 18–20

Grant, Ulysses S., 12, 16, 22–25

Jackson, Thomas "Stonewall" (muro de piedra), 11, 17

Lee, Robert E., 14, 16–18, 23–25

Lincoln, Abraham, 8–9, 14, 16, 18, 20–22, 24, 29

McClellan, George, 14–15

McLean, Wilmer, 11, 25

Petersburg, 23

Proclamación de Emancipación, 14

rifles, 19

Shiloh, batalla de, 12–13

telégrafo, 21

Vicksburg, 22

¡Tu turno!

El Sur en ruinas

Esta foto se tomó en Richmond, Virginia, en 1865. Muchas ciudades sureñas como esta quedaron destruidas. Le llevó años al Sur recuperarse de la guerra de Secesión. ¿Cómo describirías esta foto? ¿Qué crees que piensan las personas que están en la foto? ¿De qué manera esta foto muestra los efectos que tuvo en el Sur la guerra de Secesión? Escribe un párrafo en el que respondas estas preguntas.